COCO
Rules

香奈兒
時尚箴言

資深時尚編輯，
曾任職《紅秀 GRAZIA》、《Glamour》
凱瑟琳・奧莫羅德
（Katherine Ormerod）—— 著

插畫家，
曾執導 Fendi、Prada 等精品廣告
卡洛琳娜・梅利斯
（Carolina Melis）—— 繪

李函 —— 譯

大是文化

COCO
Rules

Contents

COCO
Rules

作者簡介

凱瑟琳・奧莫羅德
Katherine Ormerod

　　新聞從業資歷超過 10 年。自《星期天泰唔士報》（*Sunday Times*）時尚版擔任時尚助理展開職業生涯，接著轉職到《紅秀 GRAZIA》雜誌，擔任資深時尚新聞與專題編輯，後來到《Glamour》雜誌擔任時尚專題編輯。曾為《金融時報》（*Financial Times*）、《電訊報》（*The Telegraph*）、《哈潑時尚》（*Harper's Bazaar*）與《星期日郵報》（*The Mail on Sunday*）等報章媒體撰稿。

繪者簡介

卡洛琳娜・梅利斯
Carolina Melis

　　倫敦中央聖馬丁藝術與設計學院（Central Saint Martins College of Art and Design）畢業，接著展開繪圖與動畫的職業生涯。曾為 Four Tet、Metronomy 等歌手執導過音樂錄影帶，也曾為英國廣播電臺（BBC）、Fendi、MTV、索尼與 Prada 拍攝廣告。委託繪圖的顧客包括伊麗莎白雅頓（Elizabeth Arden）、凱悅（Hyatt）和奧倫納素（Erno Laszlo）等。

譯者簡介

李函

　　畢業於英國格拉斯哥大學中世紀與文藝復興研究所，與美國密西根州立大學英文系。目前為專職譯者，希望透過不同的語言與文字，傳達更多故事。譯作有《克蘇魯的呼喚》系列、《克蘇魯事件簿》系列、《調情學》、《碳變》、《沙丘電影設定集》與《綠燈》等書。

　　許多人認為香奈兒是偉大的服裝設計師，但她其實更是個思想家、革命者、行動人士，也是卓越的形象顧問——**透過時尚單品，她不只將自己對女人的期許、對生命的信念落實在自己身上，更帶領全世界的女人跟著一起改變。**是她，將女人從束腹與裙撐中解放出來，換上舒適又方便活動的簡單裝束；也是她，設計出簡約的女性帽子，因為她認為「帽子太重，沒辦法思考」，讓女人從此揚棄大帽、擁護小帽。

　　本書不只關乎服裝，更關乎一個人如何定義自己、創造自己、革新自己，而這正是形象管理的核心精神。真心推薦給想看見不一樣自己的妳！

—— Perfect Image 陳麗卿形象管理學院創辦人／陳麗卿

「我不知道該怎麼形容我對香奈兒女士的感情！」妳可能會覺得我的語氣過分誇張，好像我認識她一樣！很可惜，我出生的時代太晚，沒機會真的見到她，但我確實許過「跟香奈兒女士做朋友」的願望，如果未來有機會穿越時空……。

　　活在上一個世紀的她，充滿態度的作風跟金句，總讓我在忙碌而感到迷惘的時刻，能重新找回自我。香奈兒說：「妳只會活一次，不妨就有趣一次。」因此，我們不該勉強自己忍受無聊，而是該大膽擁抱自己熱愛的事。**在香奈兒的價值觀裡，最時尚的事就是活得更像自己。所以，我總認為關於自我風格，就算有點「自以為是」也沒關係。**

　　「妳就是獨一無二，別看起來像別人。」本書是能讓妳學會活出自我的時尚寶典。

—— 乖總編、資深時尚觀察家／盧淑芬

Coco Chanel 是讓我在華服美鞋中找到自己，並了解時尚真諦的啟蒙偶像。Coco 的經典，不僅因她身為女性卻率先穿上男性套裝，也不僅是因她讓瑪麗蓮‧夢露（Marilyn Monroe）說出「晚上只擁抱香奈兒 N° 5 入眠」，**而是她真正創造潮流，讓後來的我們追隨、深刻感受時尚，以及找到自身所擁有的一切美好。**

　　解讀 Coco，了解她後，妳將變得完全不同──變得更好、更愛自己。

──時尚 KOL 暨作家／ Scarlett aka 公主（覃正萱）

Coco 名言的現代新解

---

　　100 年前，可可‧香奈兒（Coco Chanel）重新定義了女性的穿著。她對男裝的喜愛、將女性從馬甲中解放的渴望，以及她簡單的優雅感，為時尚帶來徹頭徹尾的變化，多年後依然持續發揮著影響力。不僅她的招牌（黑色小洋裝、2.55菱格紋包款與雙色鞋），她對服飾的態度至今也流傳於世。

　　的確，她度過了不平凡的一生：女修道院長大的孤兒，最終成為全世界最知名的女子。拓荒先驅、煽動者和非凡女商人——這些詞彙都是 Coco 。她的神祕感，總與她的智慧與衣著選擇有關，她在時尚、美與自信上給女性的建議，也持續以無數方式帶來迴響。

　　本書是她 30 句經典名言的現代新解，讓 Coco 的建議更合乎現代觀點。我們希望她永恆的指引，能為妳的日常注入一抹妙不可言的魅力。

Coco Chanel 生平

1883 年

8 月 19 日出生於法國索米爾（Saumur），
本名為嘉柏麗・香奈兒（Gabrielle Chanel）。

1895 年

11 歲時母親過世，她和妹妹被送進孤兒院，她在那裡學會
縫紉。

1901 年

18 歲時，她離開孤兒院，開始擔任裁縫師，為騎兵軍官縫
補褲子。她在軍官的派對上常唱〈誰見過可可？〉（*Who
Has Seen Coco?*），觀眾總在她登臺時高呼：「Coco ！」
於是，她便將名字改為 Coco。

1910 年

帽子精品店「Chanel Modes」，
開設於巴黎康朋街（Rue Cambon）21 號。

1918 年

在康朋街 31 號設立高級訂製服工作室，
也就是現在的香奈兒總部。

1921 年

香奈兒 N°5 香水上市。

1924 年

成立「香奈兒香水化妝品公司」
（Société des Parfums CHANEL），首次推出彩妝品。

1939 年

二戰期間，香奈兒高級訂製服事業被迫終止，
僅剩康朋街 31 號的香奈兒精品店持續銷售香水與飾品。

1954 年

高級訂製服精品店重新開幕，這年她 71 歲。

1955 年

推出著名的 2.55 菱格紋包款。

1956 年

推出經典斜紋軟呢套裝。

1957 年

創作經典黑色鞋頭雙色鞋。

1971 年

1 月 10 日，於她居住超過 30 年的巴黎麗池酒店
（Hôtel Ritz Paris）逝世。

COCO
Rules

Coco Chanel，約攝於 1920 年前後，短髮、珍珠項鍊是她的經典標誌。
（圖片來源：維基共享資源〔Wikimedia Commons〕公有領域。）

COCO
Rules

Coco Chanel 身穿布列塔尼條紋（Breton stripes）上衣。這種服飾最初因水手而生，因 Coco 引入時尚圈，讓它成為經典。這張照片攝於兩次世界大戰之間。（圖片來源：維基共享資源公有領域。）

COCO
Rules

攝於 1931 年 Coco Chanel 拜訪洛杉磯。
（圖片來源：洛杉磯時報攝影集〔Los Angeles Times Photographic Collection〕，加州大學洛杉磯分校〔University of California, Los Angeles〕圖書館。）

1

自信的顏色永不過時

很久以前，女人受限於哪些色彩能襯托她們膚色的嚴苛命令。妳屬於「冬季」（冷色調）或「春季」（暖色調）？確定好妳的色調後，唯有謹守自己的顏色規範，妳才能自由進入時尚世界。不過，總是破壞規則的 Coco，鼓勵妳抵抗這些霸道判斷。她的態度堅定：**只要在妳身上好看的色澤，就是能讓妳充滿活力的顏色。**色彩專家也許不會同意這點，但自信的顏色永遠不會過時。

妳是否會在塗上紅色脣膏後感到難為情？或是在第一次套上豔粉色晚禮服、土黃色天鵝絨西裝時，感到一絲緊張？鮮明顏色也許很嚇人，但它會投射出絕對的自信，如果妳想超群出眾的話，這點就彌足珍貴——無論妳是為了工作，或任何私人理由。

此外，還有一種易於搭配穿搭的色調，像是暗紫紅色、森林綠等，能讓妳在不吸引過多注意力的狀況下，展現出自己獨特的個性感。最重要的是，無論妳挑選哪種色彩（即便從頭到腳一身黑），都要以 Coco 的自信及氣勢稱霸人群。無論妳穿著哪種顏色，都該這麼做。

還沒準備好擁抱這些驚人的大膽色調嗎？

妳可以選用更沉穩的同類色調。

與其用……	妳可以先嘗試……
豔粉色	玫瑰紅或鮭魚粉
血紅色	暗紫紅色、磚紅色或桃花心木色
翠綠色	森林綠、鼠尾草綠或橄欖綠

或者，如果妳真的很想試試看這些鮮豔、驚人的色彩，也可以在妳的服裝上塊狀、小面積使用。

THE BEST COLOUR IN THE WHOLE WORLD IS THE ONE THAT LOOKS GOOD ON YOU.

「世界上最棒的顏色，
就是妳穿起來好看的顏色。」

COCO
Rules

2

妳就是獨一無二，別看起來像別人

談到外表時，似乎總體現「外國月亮比較圓」這句話。如果妳是屬於優雅的經典風格女性，可能會渴望現代又前衛的美感。如果妳的身材瘦高，可能會想要胸臀豐滿的魯本斯風格（Rubenesque）曲線，反之亦然。

當我們受到描繪理想美感的圖片轟炸時，就很容易眷戀那些妳缺乏的事物；而**自覺有缺憾，更會使妳感覺自己真的少了些什麼。**受到他人的外表啟發，是一種自我表達與吸引力的行為。但若將他們當作美的唯一標準，並一針一線**仿效他們的風格，會害妳忘記自己本來就具備無與倫比的魅力。**

談及外在美，並不代表特定體型只適合一種風格，或是特定年紀就不該做某種打扮。如果某類型服裝沒有為妳帶來自信，就別在這個風格上浪費時間。當某種風格或趨勢不適合妳，或無法讓妳覺得這樣很棒時，就趕緊放下。

打造妳專屬的時尚

- 當妳試穿新衣服時，先問自己：**這感覺起來像我嗎？還是我想看起來像別人？**

- 為了明確理解妳的外型，先審視妳最喜歡的衣物組合。它們之間，有什麼相似之處？顏色？印花？某種剪裁或態度？妳喜歡極簡風格，還是華麗炫目？如果妳的日常衣著風格已持續十年不變，那是什麼樣的造型？

- 儘管混搭很好玩，但我們的品味顯然也會隨著時間而改變。嘗試找出新衣物和妳典型風格之間的連結，就能增加妳找到新時尚的可能性。

DON'T SPEND TIME BEATING ON A WALL, HOPING TO TRANSFORM IT INTO A DOOR.

「別浪費時間捶牆，
還奢望把它變成一道門。」

29

COCO
Rules

基本款才不無聊

華麗過頭的服飾,是 Coco 的惡夢——
但她的設計原則並非除去一切,而是聚焦
在簡單的衣櫃必備款能為女人帶來的自由。
Coco 提倡的,是不須耗費過多時間思考的穿衣
方式。**一條剪裁良好的黑長褲,配上
裸色或白色針織衣,和好穿的白
色芭蕾舞鞋,這種風格永遠不
會退流行。**至於薄紗百褶和荷
葉邊,總在流行中來
來去去。

Coco 喜愛經典的布列塔尼條紋上衣、寬大的英式羅紋衫、針織衣和珍珠。她鮮少穿著這些固定服裝以外的衣物，因為她相信，**比起為該穿什麼而傷腦筋，女人還有更重要的事該做。**

從她的品牌誕生開始，Coco 的選衣帶來了全新的輕鬆感：與其使用過往複雜的衣料與色彩組合，她更偏好乾淨線條與低調的黑色、白色與米色混搭。她的經典衣著，包括黑色小洋裝、四口袋的斜紋軟呢套裝與 2.55 菱格紋包款，都是不複雜、能輕易套上的經典裝扮。這些基本搭配，在當今依然提供我們不拖泥帶水的解套方案，只要購買符合妳預算考量的單品即可。這告訴我們：簡單總是有效。

Coco 衣櫃必備款

煙管褲： 無論是精心裝扮或隨意打扮，這種褲子總是舒適又時尚。

粗跟靴： 能讓優雅柔美的茶歇裙（tea dress）看起來強悍，或和妳最喜歡的丹寧褲一起踩踏街頭。

條紋 T 恤： Coco 是第一個提倡用針織衣當外衣與內衣的人。

皮革包： 斜背，不只實用，更是時尚。

經典大衣： 無論是風衣、水手短大衣（pea coat）或標準長度的喀什米爾（cashmere）大衣，一件合身大衣永遠都好看。

SIMPLICITY IS THE KEYNOTE OF ALL TRUE ELEGANCE.

「簡單，是真正的優雅。」

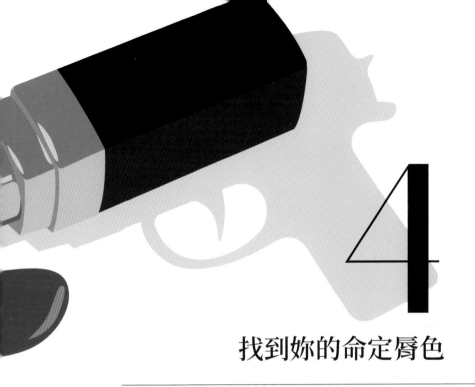

4

找到妳的命定脣色

　　Coco 從不在沒擦上脣膏的狀況下就走出家門。如果妳感到無精打采，就該學習她的榜樣了。1924年，Coco 發行了香奈兒第一套絲絨脣膏系列，她也創造出自己的訂製深紅色調，這成為她一生的招牌。

　　儘管有些人可能覺得，每天都用紅色脣膏太浮誇，但絕對無法否認色彩具有振奮人心的力量。正確的色調能暖化肌膚、增添更多光澤，或為妳增加戲劇性效果。在低調場合或休憩時刻，溫暖的亞麻褐色或蜜李色澤令人喜愛；但如果妳需要提振士氣，就沒什麼比亮紅色更搶眼了。

找出自己的招牌脣色，能讓妳得到一小顆信心子彈。只要把它塗在嘴脣上，幾秒鐘就能為妳的穿著增加個性與派頭。**關鍵是持續試驗，永遠不要因為妳以為某種顏色不適合自己，就忽視新色調**——妳可能會發現只是改用夏日光澤或異於平時的衣著，就能完全改變局勢。

讓妳的色調符合各種場合

日常使用：暖亞麻褐色、蜜李色、裸粉橘。

晚間活動：顯色紅（和蜜李紅與橙紅色比較，找出屬於妳的理想色調）。

辦公室：易於塗抹與層疊的脣彩、潤脣膏（方便妳下班後補色）。

IF YOU'RE SAD, ADD MORE LIPSTICK AND ATTACK.

「傷心難過時，就補擦唇膏，主動出擊。」

5

在伸展臺找靈感，
創造妳自己的時尚

時尚達人總有一種「妳無法和我們共席」
的氣場，使伸展臺世界與香檳會後派對顯得有
些嚇人。但是，**真正的時尚並不須出自設
計師的素描簿**。街頭風格創造出當代對
「酷」的定義，而且最棒的是，每個人
都能參與。

　　在當今，妳不需要是超級名模或 A 咖名人，就能掀起趨勢。那麼，妳該如何創造自己的風格？妳可以觀察伸展臺，找尋當季新造型的靈感，接著改編它們，以符合妳自己的品味與預算。請記住，妳不需要時尚設計師或網紅的認同，才能穿妳喜愛的服飾──根據 Coco 的說法，真正的時尚總是源自集思廣益。

開發屬於妳自己的流行

- 妳熱愛最新的色彩趨勢，但不太喜歡在店鋪貨架上看到的服飾風格嗎？妳可以到復古商店和設計師轉售平臺中尋覓。妳能找到如彩虹般鮮豔的各色洋裝與長褲，創造出妳獨家的色彩風格。

- 無論妳何時外出度假，都去瞧瞧當地市集的衣飾、各種穿戴小玩意，以及能為妳外型加分的特殊配件。許多設計師都會從旅行中汲取靈感，而妳肯定也會在旅途中，找到對流行時尚的獨特詮釋。

- 嘗試用特異方式穿戴日用衣著：反穿開襟衫、特大號牛仔褲穿成超低腰褲，或休閒鞋搭優雅晚禮服。時尚趨勢往往來自出乎意料的組合。

A FASHION THAT DOES NOT REACH THE STREETS IS NOT A FASHION.

「無法穿上街的時尚，就不算時尚。」

6

Coco 規則：重複穿戴

　　在一次性快時尚的時代，妳很容易認為相同的衣服不能穿兩次。但 Coco 恰好相反，她總是重複穿戴一系列的衣著，也把她「舊即是新」的態度當作榮譽象徵。Coco 相信，裁剪完美的雋永經典有其力量，這類衣服不會退流行，可以長久穿著。要變得更像 Coco，代表要從妳已經擁有的衣物上找出更多時尚優勢。

儘管市面上最新穎、亮麗的風格相當誘人，請堅持妳的信念，別覺得一定得穿世界上的各種流行，這就是創造妳個人風格的第一步。穿不同的服裝是很有趣，但最適合妳、能帶來快樂回憶的裝扮，永遠會比一時興起而加入購物籃的全新單品和妳更搭。所以，**當妳覺得自己沒什麼東西可穿、想大肆揮霍前，請先整理衣櫥。**

整頓妳的衣櫥

- 試穿所有衣服，把不適合或妳再也不愛的打包、捐出去。
- 收起過季或為了某些感性理由而放在衣櫃裡的衣物——妳每天早上著裝時，它們都會阻礙妳。
- 如果妳有某些多年沒穿的珍寶，是因為它們需要重新剪裁或乾洗的話，就把這當成首要任務。
- 記下讓妳覺得很棒的衣物清單。如此一來，當妳得參與特別場合或為某趟旅程打包時，就有參考依據了。

ELEGANCE DOES NOT CONSIST IN PUTTING ON A NEW DRESS.

「優雅，與穿上新洋裝無干。」

45

黑色，時髦永不過時

在 Coco 之前，主要是服喪中的女人和年輕女店員會穿黑色；而在 Coco 之後，黑色就成為最時髦的（非）顏色。儘管每一季的潮流都會鼓吹「新黑色」，但其實沒有任何色彩，能與最漆黑色調的永恆、眩目、隨和氣質相互比擬。

無論妳用白色或中性色彩與之搭配，營造出單色系的簡單感，或與海軍藍拼湊出更現代的色調組合，甚至是用豹紋、波卡點（polka dot）或條紋營造出 1960 年代復古外型，黑色都是安全的保證。

頂到腳一襲黑衣是 Coco 的最愛。衣櫥中每套
能天衣無縫的與黑色搭配,這種魅力必須一再
購買黑色的關鍵,是聚焦在設計細節、品質和
之上。黑色與引人注目的色彩恰恰相反,它能
夫在背景中。所以,要確保妳的黑不會讓自己
它的話,就挑選剪裁有趣的衣物,褶邊、袖管
都精緻華美,並適合妳的身材。

記得:**除了黑色,還是黑色——令人難以忘懷**
獨行的黑色,Coco 也以此聞名。

黑的搭配,是妳的最愛?

豹紋:擁有復古巧思的華麗晚禮服。

海軍藍:具現代感,低調且適合上班穿著。

圓點:有趣的女性經典服飾,很適合約會夜。

白色:雋永的單色系現代時尚,永不退燒。

黑色:充滿創意、成熟而沉靜的信心。

WHEN I FIND A COLOUR DARKER THAN BLACK, I'LL WEAR IT. BUT UNTIL THEN, I'M WEARING BLACK!

「如果發現比黑色更深的顏色時，我就會穿上它。但在那之前，我都會穿黑色！」

COCO
Rules

8

美，沒誰能獨占定義

　　當妳望著鏡子裡的自己時，妳看到了什麼？是一張單純由五官和髮型組成的人臉，還是完整而又具備多樣性的自信女人？「美麗源自心中」（beauty comes from within）這句話雖已變得陳腔濫調，但即使到了現在，它依然真實。

美與光彩、活潑、沉著的自信有關，這些都是幸福以及和自己自在相處的產物。當妳能放下與他人比較的心態，接受自己的臉孔和身體輪廓時，就會發現自己充滿特別的內在美。

所以，該怎麼做到這點？當然，說永遠比做容易，但從提倡統一美感的文化中釋放出來，是很棒的起點。**無論妳的膚色、鼻子的角度或身體形狀，沒有單一類型能獨占美的定義，理解這點就是第一步。**

長久以來，父權、年齡歧視、異性戀和種族主義法則，主宰了我們對美的定義，有太多人因此認為自己低於平均標準，感受不到自己的價值。

BEAUTY BEGINS THE MOMENT YOU DECIDE TO BE YOURSELF.

「美麗，始於妳
決定做自己那一刻。」

找出妳內在美的三個步驟

1. 別再修圖了

　　改變自己長相的科技，現在已唾手可得，妳很容易能在照片上做點小變化，讓自己更符合傳統的審美標準。別再這樣做了。這不只會打壓妳的信心，也會進一步讓這種想法延續到他人身上，使他們認為這種美的標準有意義。

2. 拓展妳對美的印象

　　審核妳接收到的美。妳只看描繪出某種特定外型的雜誌或電影嗎？妳在社群媒體上只追蹤某類型長相的人嗎？如果沒錯，請妳仔細評估，並選擇更多不同類型的媒體，看見更多樣性的美。

3. 自我照顧，從內在變美

　　與其花大錢做醫美療程，不如把時間和精力投注在好好照顧自己之上，例如運動、乾刷（dry brushing）按摩皮膚、臉部及全身保溼，以及為自己烹煮美味又營養的食物，或練習充實心靈的冥想。**愛自己並不是放縱，而是必要之舉。**

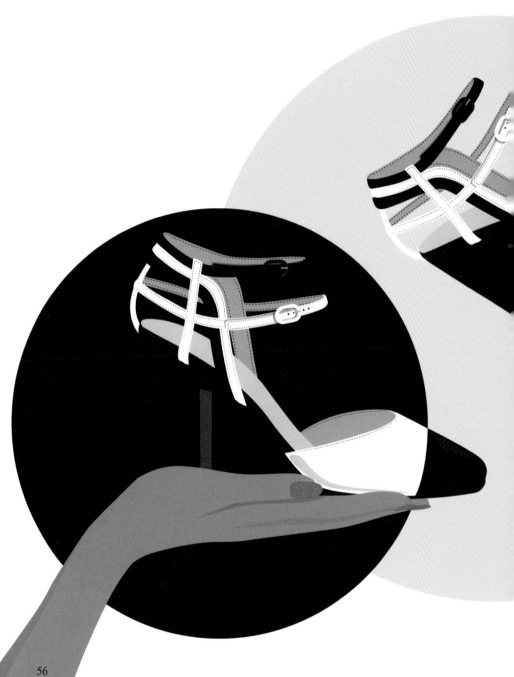

9

只有在妳穿高跟鞋能走時，穿它們才是好點子

　　Coco 的雙色船型高跟鞋十
分知名，這種鞋有黑色鞋頭和淡
色鞋面。她偏好舒適的風格，曾穿
這種鞋子到處活動。所以，**高跟鞋確
實該高**，但不能高到讓它們干涉那些能
帶給妳快樂的事物。

儘管高跟鞋是經典女性氣質的象徵，但如果鞋子高到妳無法穿著它移動，可真是最不時尚的事。**穿高跟鞋的祕訣是：妳只需要一點高度，就能讓自己更好看。**

　　能讓妳舒服穿著逛街的一吋跟鞋（約 2.5 公分），遠比高聳的細高跟鞋更有用。雖然細高跟鞋在店裡看起來很棒，但會讓妳立刻變成走不了路的小鹿斑比（Bambi）。

　　Coco 相信，時尚是幫妳建立自信的道具，這正是高跟鞋帶來的變革價值。由於穿它們需要不小的努力，因此，擁有一雙高跟鞋能表達出：妳相信自己值得一套高標準。

KEEP YOUR HEELS, HEAD AND STANDARDS HIGH.

「要有三高：
鞋跟高、頭抬高、標準高。」

哪一雙跟鞋最適合妳？

低跟鞋（kitten heel）

　　小貓跟，一般而言跟高 1 至 2 英吋（5 公分以內），經常出現在無包覆腳後跟的穆勒鞋（Mule）或後繫帶鞋的設計上。

細高跟鞋（stiletto）

　　典型高跟鞋，細長的鞋跟可高達 5 英吋（約12.5 公分）。儘管任何風格的鞋子都能設計成細高跟鞋，但人們最常想到的還是淺口無繫帶的細高跟包鞋。

粗跟鞋（block heel）

　　高 2 英吋以上，鞋跟粗，且通常由木頭製成。約在 1970 年代時開始盛行。

厚底鞋（platform）

　　鞋跟以外，腳底前方的鞋底也微微加高，可以讓妳的高度增加。

厚底增高鞋（flatform）

　　平坦的厚鞋底抬高整隻腳，不像傳統高跟鞋使腳呈現傾斜角度。

楔型鞋（wedge）

　　前低後高的厚底鞋，但鞋跟並非獨立，而是在腳底前方至腳跟間一氣呵成——長楔型可以創造出平衡與高度。

10

炫耀妳的不完美，人人記住妳的美

妳的外表一定有妳無法 100％喜歡的地方。當然，美存在於觀看者的眼中，完美外型在世上也沒有單一標準，但我們每個人還是有自己的不安全感，即使對別人而言可能微不足道。

Coco 認為，**與其急著隱藏或遮掩這些可見的「瑕疵」，不如認清它們恰好象徵我們的獨特性**。妳認為不完美的每種特質，都增強了妳的魅力。妳不須將其視為缺陷，反而該發掘它的吸引力。

妳會花時間藏起自己的臉或身體上的某部分嗎？如果會，就該重新評估它們的價值了。**妳的天生缺點和獨有特徵，才會為妳帶來深刻印象，就像獨家設計款洋裝或限量包。**試圖美化它們，只會讓妳跟其他人毫無二致。照 Coco 的建議，妳應該凸顯這些只有妳才具備的特質。

瑕疵或特色？

「瑕疵」是會不斷改變的主觀產物。有些一度被視為不完美的特質，後來變成受到盛讚的美麗事物，反之亦然。

門牙間的空隙：在中世紀曾被視為美的象徵。近年來越來越受歡迎，在許多人都做瓷牙貼片矯正牙縫的風潮中，是獨特的存在。人們欣賞有空隙的「dents du bonheur」帶來的特殊美感，這個法語詞彙的意思是「幸運之齒」。

雀斑：數世紀以來，女人都企圖追求無瑕肌膚，因此化妝遮蓋雀斑。但當今，我們開始正視雀斑的本質──它們獨特無比，就像雪花落在皮膚上。

灰髮：曾一度被視為無法逆轉的老化跡象，但現在有越來越多人接受銀色調的頭髮，無論是天然髮或假髮都行。

WOMEN HIDE THEIR IMPERFECTIONS INSTEAD OF ACCEPTING THEM AS AN ADDED CHARM.

「女人老是藏起不完美，而非將其視為自身的額外魅力。」

11

低調，展現優雅氣度

　　Coco 明白**若無其事的力量**，也就是不太在意的學問。
穿著稍微樸素，是最能傳達出輕鬆感的方式，這也正是香
奈兒展現優雅氣度的基本要素之一。

換句話說，這代表要將你的穿著變得比別人低調。想搭配黑領帶？用黑色煙裝（Le Smoking）無尾禮服和細高跟鞋，取代及地的長外衣。半正式休閒裝怎麼搭？修身款休閒牛仔褲，上身搭 T 恤和斜紋軟呢外套，再加上一件個性首飾。要去雞尾酒派對的話，就穿上引人目光的衣著，但弄亂頭髮、暈染煙燻眼影，與衣服的俐落感形成反差。

儘管低調肯定有時尚感，但遇到以下狀況時，就趕緊換掉：第一，妳覺得單調；第二，妳覺得像剛起床，只穿了隨意丟在地上的衣服。這樣太粗魯失禮了。

增加滿不在乎的氣質

如果妳沒時間在赴約前，從辦公室先回家，別擔心。妳可以試試以下幾招：

· 脫掉妳的上衣，把套裝外套扣起來。

· 換上運動鞋（全新的白鞋，而不是變灰的健身鞋）。

· 解開妳襯衫頂端的鈕扣，再搭上絲質圍巾，像條項鍊般鬆垮的在胸前打結。

· 塗上暈染式眼影，能立刻放鬆妳的妝容。

IT IS ALWAYS BETTER TO BE SLIGHTLY UNDERDRESSED.

「穿得稍微簡單一點，效果更好。」

Praesent venenatis leo non maximus efficitur.
Integer ornare scelerisque.
laoreet
The amily
Nam vel eros laoreet

12

時尚反映當代議題，
絕不膚淺

如果妳問設計師，他們靈感來自何處，
他們一定都會告訴妳同樣的答案：四面八方。
時代精神透過潛移默化，緩緩滲透妳的品味
與欲望，直到妳不再想要那些超緊身牛仔褲，
而渴望一件寬管喇叭褲。

經常有人斥責時尚膚淺，而又物質至上，
但它總是反映出當代氛圍。近年來，時尚界
對於永續性的興趣與關注，便是解釋時尚能
包含新態度、以正向方式生活的例證。

時尚能反映出各種當代議題，從經濟的景氣循環（例如「裙襬指數」〔hemline index〕，指出女人的裙子在經濟衰退期會變得更長），**到不斷變動的社會價值觀。**

無論妳是否穿中性的非二元性別衣著、選擇純素皮革，或支持打破供應鏈的品牌，時尚都不只與新衣領的設計有關。

讓時尚反映出妳的思想

永續性：Coco 肯定會支持慢時尚行動（購買能多年穿著的衣物，每年都再穿上同一件妳心愛的衣物）。快速時尚一點都不優雅。

幹練女性：性別流動的概念，已對許多設計公司的思維帶來巨大變革，混搭男女裝也從來沒這麼簡單過——數十年前，Coco 就扮演了先驅者。如果這合妳胃口的話，襯衫、丹寧褲和針織衣就是很棒的選擇。

FASHION IS IN THE SKY, IN THE STREET, FASHION HAS TO DO WITH IDEAS, THE WAY WE LIVE, WHAT IS HAPPENING.

「時尚存在於天空，也在街上。
時尚與我們的想法、生活方式，
以及當下發生的事有關。」

13

成也配件，敗也配件

　　儘管 Coco 並沒有發明這個詞，但她的時尚哲學的確穩穩符合「少即是多」的概念。不過，那不代表她不愛裝飾——她的首飾、胸針和數不盡的珍珠項鍊，證明她對飾品具有精準的眼光，就像喜鵲總能一眼看見亮晶晶的東西。

　　但是，Coco 明白平衡的力量。**首飾太多，會降低精心設計過的裝束帶來的衝擊，太少則缺乏畫龍點睛的效果。**

Coco 的建議是無價珍寶，因為誰沒碰過這種事？我們很容易因配件而忘我。特別是當妳急急忙忙準備出門，來不及在離家前好好打量自己一番時。

　　其實，**只要乾淨的頭髮、一抹香水和一件首飾，就能讓妳看起來精神奕奕**。所以，如果妳發現自己同時還攜帶了帽子、眼鏡、項鍊、胸針、耳環和手環的話，妳就可能打扮得太花枝招展了。但別擔心，正如 Coco 所說，妳只需要捨棄一、兩種配件，就能瞬間變得時髦動人。

妳也可以嘗試多層次搭配首飾

　　多層次首飾可以看起來很棒，但讓這種外型適合妳的關鍵，是清楚該在何時打住。

- 就項鍊而言，選擇不同的鍊子長度，並讓它們輕巧且精緻。三件沉重的串珠項鍊會壓過妳的服裝，但三條不同長度的閃爍細鏈（比方說，分別為頸鏈、鎖骨鍊和及胸長度）看起來相當優雅，也為妳的裝扮帶來波西米亞風味。
- 手環只配戴在其中一隻手腕，另一隻手腕則不戴任何東西，或只戴簡單的手錶，創造出有趣的不對稱感。
- 妳可以考慮在一根手指上疊加好幾枚戒指，而不是每根手指都戴著戒指。此外，尾戒或拇指戒能增添個性感。

BEFORE YOU LEAVE THE HOUSE, LOOK IN THE MIRROR AND TAKE ONE THING OFF.

「在妳踏出家門前，先照照鏡子，拿掉身上一個配件。」

14

壞心眼，
會毀掉妳的美貌與裝扮

　　即便是打扮最時髦、獨特的人，一旦對餐廳服務生態度魯莽，就會立刻變得毫無吸引力。如果妳的表現令人驚駭，打扮得再光鮮亮麗都毫無意義——沒什麼比壞心眼能更快毀掉美貌了。

　　當然，無法仰賴化妝修飾的內在美，得花更多工夫營造，也沒有人能完美無瑕。如果妳想要和 Coco 一樣散發出經典風格的話（雖然她自己也有許多缺點），**禮貌、慷慨、謙卑與同情心，就和剪裁合身的外套、設計師款鞋子一樣重要。**

由於我們都過著忙碌生活，身上承受諸多壓力與需求，因此很容易遺忘日常中要細心、替人著想。妳得聚焦在其他人身上，而不只是自己。這會確保妳能接受新影響和體驗，並幫助妳與他人建立更好的關係。

無論遇到任何狀況，都以敬意對待妳身邊所有人，會為妳營造出正面觀感。這同時也會阻止妳變得太過執著於自我——雖然「自我」在社群媒體中非常流行，但對妳周圍的人而言其實非常無聊。

ELEGANCE IS WHEN THE INSIDE IS AS BEAUTIFUL AS THE OUTSIDE.

「內在與外在同樣美麗，就很優雅。」

15

當女人改變髮型

雖然聽起來很老套，但的確很多人會在心碎之後，剪出一頭戲劇化髮型。想改變妳臉龐的輪廓，除了整形手術以外，只有換個髮型能做到——無論是一刀剪短，或染上新色彩。特別是當妳的生活經歷新階段、有了身分變化（比方說分手、換新工作或搬家），新外型能幫助妳在心理上展開全新的人生章節。

在 1920 年代，短髮象徵著新時代女性，她
們被稱為飛來波女郎（flappers）。外型改變，
肯定會影響其他人觀察妳的方式。無論妳選擇
金髮、鮑伯頭（bob）或瀏海，都是向世界展現
全新版本的自己，能讓妳朝嶄新路線邁步。

改變妳的髮型，能帶來自信心（光是經歷
做頭髮的過程，都能使妳的心情變好）。而如
果妳正處於低潮，這也能為妳帶來全新活力。

雖然說，看到完全不同的自己從鏡中回望
時，可能讓妳感到十分不習慣。如果妳怯於奮
力一躍，就慢慢改變，逐漸創造自己的新外型。

A WOMAN WHO CUTS HER HAIR IS ABOUT TO CHANGE HER LIFE.

「當女人改變髮型，
就表示她準備好改變人生了。」

改變髮型，帶來風格新衝擊

· 最顯而易見的選擇，就是長度上的劇烈變化。
  如果妳總是留著波浪般的長髮，剪短肯定會
  徹底改變妳的感受。如果妳想慢慢進行，就
  稍微修短，每次都再剪短一點，直到妳得到
  一頭俐落的短髮！

· 在臉部周圍剪出瀏海或層次，就能立刻改變
  妳的風格。儘管瀏海需要細心維護，卻能為
  妳增加一抹獨特而前衛的魅力，且適合所有
  頭髮長度和髮色。若妳想再改變造型，雖然
  瀏海留長得花一點時間，總比留回整頭長髮
  快得多。

• 改變顏色。無論妳從淡色轉成黑色、棕髮染成金髮，或嘗試大膽的紅色、綠色或紫色，吸睛的髮色變化能徹底改變妳的外型。當妳把頭髮從天然的暗色髮染淡，這種戲劇化改變很討人喜歡，但其實慢慢改變髮色也能帶來優異效果。當然，如果妳想讓髮色看起來光亮、維持更久，就記得要經常回去找設計師整理。

• 假髮、編髮和髮片能暫時創造出全新的妳。妳可以一夜之間改變髮色和髮型，維持數天或數週時間，再變回妳原本的造型。這能讓妳用諸多不同方式表現自己，為妳的性格中的各個層面，打造出專屬的髮型衣櫥。

COCO
Rules

16

拋棄期待，焦慮也就消失

　　當媒體只讚許某種美感，甚至鼓吹「女人的價值來自外表而非大腦」，持續接受這樣的轟炸，妳遲早會將自己視為別人的戰利品。

　　窩在某人懷裡時、以主流身材美感穿著泳裝時、試著取悅他人時，妳可能會覺得自己好像很棒，但痛苦與憂慮也會隨之而來。這份全職工作，要妳假裝成並不是妳的角色——某個人或某些人的私家財產、附屬物。

**　　妳努力成為別人期待中的模樣，但真正的妳（妳的觀點、欲望和無窮潛力）都在虛假中消散。**

COCO
Rules

當妳將目標轉向自我發展時，整體局勢就
會改變。負擔消失，擔憂散去。我們很難有許
多成為自己理想樣態的機會，但矛盾的是，我
們也從不憂心。

問題就在這裡，有許多老舊價值觀，根深
柢固於我們的日常生活中，人們甚至也相信自
己只能扮演有限的某些角色。而破解的方法很
簡單：拋棄那些妳從未給自己設下的標準與限
制，像 Coco 一樣自由展翅翱翔。

減少焦慮、活出自我的方法

- 質疑現況。「其他人」想要某種東西，不代
  表那就適合妳。

- 憂心狀態，和羨慕或妒意不同。當自我價值
  連結到別人觀察我們的方式時，它就會出
  現。這是種外在認同系統，並非出自內在。
  如果妳為別人過活，就難以找到自我。

- 其實，外界的標準持續在變動，階級與價值
  觀也會不斷改變。**妳唯一能用於批判自己的
  標準，就是妳自己。**

HOW MANY CARES ONE LOSES WHEN ONE DECIDES NOT TO BE SOMETHING BUT TO BE SOMEONE.

「當妳決定不當別人的複製品，
而是做自己，憂慮就會減少。」

17

妳，終生令人無法抗拒

人們常說「年齡只是數字」。與此同時，卻又武斷將妳人生區分成十年為一個階段。假裝不同年齡沒有任何差異，太虛偽了。妳該做的是，接受每個年齡都有各自的魅力，同樣都令人喜歡，並接受妳身處的每個階段。

儘管青春年華確實討喜，但不斷追求它，反而會讓妳毫無魅力與吸引力。優雅的變老，是 Coco 徹底掌握的藝術，87 歲時的她，依然穿戴著斜紋軟呢與珍珠。**她的祕訣並非肉毒桿菌，而是對自己身體的自信與舒適感，以及一輩子的生活經驗與成就。**那才是真正的魅力。

變老，是美與魅力的演進

- 記住了，「恰當年齡」是編造出來的字眼，沒有任何規定說妳該依照自己的出生日期決定穿著。如果妳覺得在 90 歲時穿比基尼很棒，就穿吧！如果妳在 55 歲時喜歡粉紅色頭髮，就染吧！唯一重要的，是這件事讓妳產生什麼感覺。

- 好好吃飯，投注精力在自我照顧上，並享受生活，這些正是開心變老的關鍵。所以，把時間投注在找出讓妳感到開心的事物，而不是哀嘆那些妳穿不下的牛仔褲。

- 珍惜妳在美麗上的演進，而不只是專注在青春。擁有清新臉蛋和華麗外表很棒，充滿魅力而令人無法抗拒，其實更加美好。努力到達那個境界吧！

"
YOU CAN BE GORGEOUS AT THIRTY, CHARMING AT FORTY, AND IRRESISTIBLE FOR THE REST OF YOUR LIFE.

「妳可以在 30 歲時華麗動人，40 歲時
魅力四射，並終生令人無法抗拒。」

"

18

深思考，開懷笑

當我們能一天 24 小時都接收到新聞時，代表我們將難以避開世界上各種事件，其中經常有壞消息。得知新資訊當然重要，但讓它們害妳喘不過氣、無法快樂的話，就沒有意義了。至少，在妳個人生活中的某些時刻，要保持愉快放鬆。

Coco 挑戰了她當時的流行秩序，特別是針對女性應扮演的角色，但即便是談論如此嚴肅的話題，她也總是保持詼諧。Coco 深知快樂的價值，就算只是為了讓她的叛逆性想法變得較容易被接受。**幽默的人比較快樂和健康，承受的壓力也較少**──這件事，我們都能做到。

YOU LIVE BUT ONCE; YOU MIGHT AS WELL BE AMUSING.

「妳只會活一次。妳不妨就有趣一次。」

19

花錢時
請一併考慮時間價值

美麗，無論它來自自然界或藝術，所有人都能享受其中；在愛中找到滿足，無論是伴侶、孩子或朋友的愛，都是無價之寶。

購物無法治癒寂寞或失望。無論妳擁有多少錢，都可能過著缺少珍貴寶藏的生活。

儘管生命中最重要的事並非香奈兒 2.55 菱格紋包款或珍珠項鍊（或是汽車、豪奢住家、昂貴的五星級飯店假期，或任何妳喜歡的東西），但這並不代表它們不會具有更高的價值。當它們象徵妳的成就，或是對妳自己的投資時，這點就特別真切。例如，用晉升後的第一份薪水購買設計師手提包，是能讓人充滿信心的事，因為這是妳為自己做出的選擇，也代表妳對工作的投入與成功。擁有手工製作的經典設計款式，妳還能把它傳給下一代——正是因為它的昂貴。別忘了，那和單純的高價完全不同。妳對自己的投資得有智慧：**永遠都要優先處理那些不花一毛錢但珍貴的事，而當妳花錢時，就得確保它能承受時間的考驗。**

THE BEST THINGS IN LIFE ARE FREE. THE SECOND-BEST THINGS ARE VERY, VERY EXPENSIVE.

「生活中最棒的事物不須花錢。
次好的東西則非常、非常昂貴。」

20

世上根本沒有新風格

如果 Coco Chanel ——史上最有原創性的革命性設計師之一——都承認自己會從過去找尋參考的話，那就能確定世上沒有新風格這回事。

我們都伴隨著某面特定稜鏡長大，這應對著我們的想法與美感風格。再加上各類外在影響，就創造出美國作家馬克・吐溫（Mark Twin）描述的「心理萬花筒」（mental kaleidoscope），而我們就能用它來打造新組合。

Coco 不是史上首位穿黑洋裝、裙裝或配戴珍珠的女子，
她也從未如此自稱。她的目標，是將舊點子和風格（經常是
男裝與實用穿著）重新構思出新用途和穿戴方式。這件事的
意義是：**妳可以從過去找尋靈感，但為了營造出風格上的文
藝復興，妳得做出全新詮釋，而不是複製貼上。**

讓舊東西散發新感受

- 幾乎每個設計師都會逛復古店鋪，或從著名設計師的
  早期作品中「購物」，以便找到新風格的靈感。妳可
  以把這種原則運用在自己身上，省錢的同時，也確
  保自己的作品獨一無二。

- 無論是古著或二手物品，**永遠不要從頭到腳都使
  用同種風格**。假設妳找到了一件優秀的 1970 年
  代晚禮服，就別買厚底鞋和大帽子來搭配它，
  而要搭現代低跟穆勒鞋和黑色尼龍材質迷你
  托特包。

- 實體復古商店很棒，但別忘了線上也有優
  秀的復古與二手選擇。如果妳身邊有裁
  縫師的話，能將服裝調整到更具現代
  風格，也更適合妳的身材。

66

ONLY THOSE WITH NO MEMORY INSIST ON THEIR ORIGINALITY.

「只有缺乏記憶的人，才會堅持自己的原創性。」

21

每個人都有翅膀，
飛──得自己學

　　有些人不須努力，天生就對自己充滿信心，
也相信自己有價值。不過，對大多數人而言，得
透過多年經驗、擊敗障礙與得到成就後，才能鍛
造出自信。

　　與其採用「假裝到成真」版本的信心，Coco
建議：妳不需要假裝擁有那些自己缺乏的東西，
而是清出能讓自己成長的空間。

假裝自信造成的問題，就是妳會擔憂別
人識破妳其實並沒有自信——這可以稱之為
「冒名頂替症候群」（impostor syndrome）。
長時間覺得自己會被拆穿的話，就會打壓到
妳的生活。諷刺的是，這還會讓妳變得更缺
乏自信。

　　聽從 Coco 的建議，能確保妳不會阻礙自
己的未來，且會讓妳與自己共處時感到更舒
適。**找到自己、重新開始或換個新方向永遠
不遲。生活是一堂漫長的課程，妳得自己學
習如何翱翔。**

IF YOU WERE BORN WITHOUT WINGS, DO NOTHING TO PREVENT THEM FROM GROWING.

「如果妳生來沒帶翅膀，就不要做任何會阻止翅膀長出來的事。」

22

時尚，
不單純是我們身上穿什麼

時尚能提供妳面對世界的盔甲，但也要謹記設計（與美），只不過是膚淺的表面性質。Coco 認為裝飾是門技術，想精熟它需要知識與原則，而非單純的自戀心態。

妳的穿著就是自我表達的畫布，因此當妳越懂自己，就能越準確透過穿著反映出妳的身分與思想。由此看來，**時尚就是語言，用來傳達訊息、講述妳想讓世界如何理解妳。**

認為外貌不會造成差別的話，實在太過虛
偽——外貌優勢，絕對會帶來巨大衝擊。只要這
個社會持續維持狹窄的美麗標準，許多人就會
感覺自己居於劣勢。

儘管對時尚界而言，努力擠進狹窄標準的
我們，具有價值數十億美元的商機，但 Coco 明
白，真正的風格是來自更廣闊的領域。

她相信，**美來自認識自己，以及用時尚來
傳達妳的真實樣貌**——無論妳的 DNA 為何，妳
都應該使用自己版本的美來達成個人目標。

ADORNMENT, WHAT A SCIENCE! BEAUTY, WHAT A WEAPON!

「裝扮，是門科學！
美，壓根就是武器！」

當妳充滿自信，
時尚就更能強化妳的力量

- 時尚能幫助妳運用自身的力量和影響力──看看美國前第一夫人蜜雪兒·歐巴馬（Michelle Obama）、知名脫口秀主持人歐普拉·溫芙蕾（Oprah Winfrey）等自信又強大的女性怎麼穿，妳就會懂了。

- 剪裁美麗的衣服能讓人留下深刻印象，但價格並不是最重要的關鍵。重要的是，穿上那些衣著的妳是否能自信的展現自我。

- 為了強化自信，妳可以嘗試有趣的風格變化。以簡單的牛仔褲和西裝外套組合為例，只是在西裝外套外面加條寬皮帶和絲質圍巾，妳就突然得到某種充滿創意和個性的造型。

- 過往充滿力量的裝束，通常代表著西裝裙套裝和肩墊；但在當今，剪裁簡潔的直筒連衣裙或優雅的燕尾服，都可以是很棒的選項。不過，**真正的權威感還是來自於展現出妳最有力的自我**──就算只是穿著簡單的燈芯絨褲和布列塔尼條紋衫，都能讓妳擁有力量。

COCO
Rules

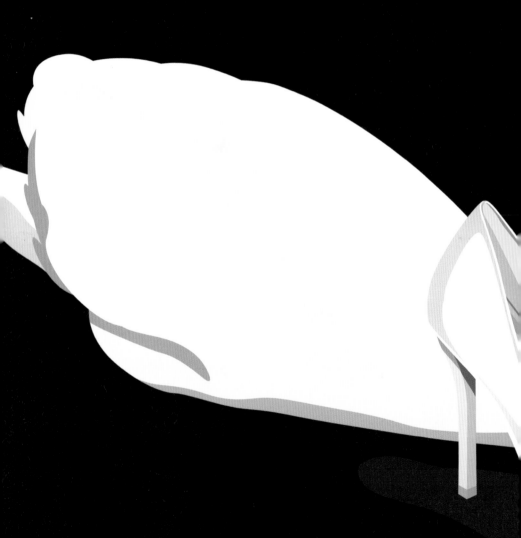

116

23

了解框架，並打破框架

　　身兼優雅的女士與活潑迷人的叛逆分子，Coco 活在女性會因不當行為而遭到懲罰的時代，一生中卻不斷為女性拓寬體面、得體的疆域。她是個女王，也是麻煩製造者，同時她也設計出史上最經典的產品。**她清楚規則，但也毫不猶豫的打破它們。**

儘管當今的價值觀變得更有容忍性，也比較不厭女，但誰不曾感受過社會限制的扼殺？習以為常的傳統，與廣為公眾接受的理念，不只會讓妳相信妳失敗了，也會阻礙妳繼續前進。

　　為了變得光彩奪目，妳得找到跳脫正軌的信心，避免如盲從的旅鼠般度過人生。如果妳能優雅處理這件事，表示妳已踏上 Coco 鋪設的道路了。

優雅的打破規則

- Coco 穿上因男裝啟發的衣物，挑戰社會中的女性角色。這種衣物讓她方便行動，也更能參與一度只限定男性的某些生活圈。無論妳是透過社群媒體上表現自己，以拓展新人脈，或利用時尚傳達妳工作中的自信，美感能以諸多方式為妳打開關上的門。

- 如果妳想反抗周圍的常規，請記得在妳表達的同時，也要保持對他們的尊重。生活方式沒有好壞之分，我們永遠都不該批判別人的選擇──他們有自己的旅程，妳也有自己的路。**批判別人的生活模式，絕非優雅之道。**

A GIRL SHOULD BE TWO THINGS: CLASSY AND FABULOUS.

「一個女人應該具備兩種特質：
時髦，且美到極致。」

24

365 天，
天天都穿上妳的戰袍

　　剛好就在妳沒洗頭的這天，妳的頭髮黏在額
頭上，穿著家居服，卻在轉角撞見前男友、在妳
背後捅一刀的前同事，或某個在學生時期讓妳過
得很慘的人。妳一定也曾冒出這種會讓妳萬分緊
張的白日夢。

　　沒人說妳得天天盛裝打扮，以免碰上仇敵或舊愛。但是，無論每天會發生什麼難以預料的狀況，花時間選擇讓妳感覺良好的衣著，都能給妳挑戰世界的激勵能量。

　　Coco 建議，利用動機來增強妳衣著的力量。想像妳的敵人，在看到妳旺盛又充滿自信的氣勢時，臉上會出現什麼神情，肯定能幫助妳提高信心，並為自己而加倍努力。

　　儘管原諒或許是最佳的復仇，但利用時尚輔助妳成為最具自信的自己，也算是第二棒的報仇方式。

DRESS LIKE YOU ARE GOING TO MEET YOUR WORST ENEMY TODAY.

「穿得像今天妳會遇到妳的死對頭一樣。」

"

快充自信心的 3 個方法

1. 打造妳的皮帶收藏

　　腰帶是最受低估的配件之一。它能為牛仔褲和休閒單品增加亮點，定義妳的身形，為妳的造型畫龍點睛。不需要花太多心思，一條優秀的腰帶能立刻提升妳的質感。

2. 同樣的襯衫，不同的顏色

　　如果妳發現，自己總持續買相同的東西——比方說亞麻襯衫或絲質連身裙——那就別猶豫，買下各種顏色的同風格衣物。如果妳穿藍色時會充滿自信，穿粉紅色時肯定也會。

3. 投資外套

　　如果妳住在有長冬的國家，一年中有好幾個月，大多數人看到妳的第一眼就是大衣。因此，它絕對會是妳衣櫥中最重要的物品，妳也該為此規畫一大部分購衣預算。若在較溫暖的氣候，而妳的預算許可的情況下，就找件溫暖的喀什米爾開襟毛衣，在冷冽的清晨和晚上時另外披上一條印花圍巾。

25

大膽與冒險，讓妳更具吸引力

　　Coco 對衣著有著無所顧忌的態度。她用放縱、不受拘束來取悅自己——無論是把頭髮剪短成男孩般的髮型，或在身上配戴層層疊疊的珠寶首飾，這種自由與獨立感總是令人嚮往。比起乖乖遵守規則，誰不想擁有更適合自己習性的生活和裝扮風格呢？

　　無論是有意或無意的叛逆，都充滿吸引力，因為打破傳統十分刺激，也為一成不變的傳統提供全新、受歡迎的變化。雖然說，做每個人都在做的事、穿同樣的品牌、追尋同樣的流行，以符合社會標準或讓社會接受，遠比嘗試新事物簡單得多。

　　Coco 追尋的自由，也包含了舒適與輕鬆——**選擇妳想穿的，而不受社會眼光或服裝規範所限制。**

穿出自由感

- 穿衣時感受到的自由，能發揮在各種層面。當妳穿得最像自己、不受到社會或文化價值限制，讓妳對自己的外型充滿自信時，妳就會感到自由。

- 妳可以考慮訂製款。接縫處太緊繃的過小洋裝、太短的裙子，或完全穿不下的鞋，再漂亮也無法讓人感到自在。把每件曾為妳帶來沉重負擔的衣物都捐出去，因為它們在妳身上永遠無法產生時髦感。

- 自由穿著，等同於不在意別人對妳衣著的想法。只要妳喜歡，任何外型都很棒。**從外界批判中解放，是發掘妳內在風格的最重要步驟。**

A SENSE OF FREEDOM IS ALWAYS STYLISH.

「自由感永不退流行。」

26

擁抱讓妳與眾不同的印記

　　Coco 享受她的優點與缺點，也理解她的價值，來自於自己並不只是一個打扮光鮮亮麗的女子。讓她變得與眾不同的，是勇氣、派頭、決心與機智，這些組合使她成為史上最知名的時尚設計師，在這位經典人物出生後將近 140 年的現在，她的話語依然擲地有聲。

永遠不會有另一個 Coco，永遠不會有人能蓋過她的光輝。而她也為後世撒下了無遠弗屆的陰影，因為她是如此獨一無二。

　　儘管我們不見得都能出現在史書上，但活出閃耀人生的祕密，來自讚美（與接受）我們的獨特性。看看日本的金繼（亦稱金繕）技藝，它利用混和了金粉或銀粉的漆來修補破損陶器──這是種充滿啟發性的技術，**讚美不完美，而非掩飾**。

　　此外，記住這件事對妳也有助益：**當妳無法表現出真實自我時，就無法建立任何有意義的關係**。在妳對自己的缺點充滿自信前，妳會難以營造出真正的人脈。

"

IN ORDER TO BE IRREPLACEABLE, ONE MUST ALWAYS BE DIFFERENT.

「想要無可取代，妳得與眾不同。」

"

27

香氣決定妳如何被「看見」，
請謹慎選用

　　1921 年，Coco 創造出她的第一款香水：香奈兒 N°5 香水。這是首款以設計師名字命名的香水，並加上 Coco 的幸運數字「5」。在 1920 年代，家世良好的女子只會使用清淡的花香，而更濃的麝香味和茉莉花香則讓人聯想到風月女子（demi-monde）——講求體面的社會中，這些女子只能待在邊緣。

　　N°5 香水改變了這一切。它是為了獨立的飛來波女郎而製作，複雜的成分中充滿花香與木質調香氣，迷人又感性，卻又帶有些許背德感。當今的 N°5 香水，可說是世上最經典的香水，也使 Coco 成為世上最富有的女人。

對 Coco 而言，**香水是穿搭的一部分，也是唯一會留下不滅印象的配件──少了它，女人就不算打扮完整**。選擇香水時，請找尋能反映出妳想表現的印象、作為妳嗅覺招牌的香水，讓妳能不開口就傳達出訊息。

　　妳可以花時間慢慢嘗試香水，而當妳試驗每種香氣時，讓它在妳皮膚上揮發，如此才能嗅到不同的調性或香氣層次。**妳的招牌香氣不該是衝動購買下的產物，慢慢來，多嘗試各種不同調性的香水。**

　　別忘了，無論瓶子有多漂亮，永遠都不要為了它而買下香水。

" NO ELEGANCE IS POSSIBLE WITHOUT PERFUME. IT IS THE UNSEEN, UNFORGETTABLE, ULTIMATE ACCESSORY.

「少了香水，就不可能優雅。它是種看不見
卻令人難以忘懷的終極配件。」

"

創造妳的招牌香氣

柑橘調（Hesperidia）

　　新鮮的柑橘味，散發出愉悅而年輕的氣息。妳可以找尋檸檬、佛手柑、柳丁或葡萄柚的香氣調性。

柑苔調（Chypre）

　　也稱作「柏香調」或「西普調」。這種調性香味濃郁又充滿個性，也帶有魅力與衝擊感。試試混和茉莉、玫瑰和廣藿香的混和基調。

花香調（Floral）

　　包含種類廣泛的香氣，每種個性都能找到適合的花香調，從爽身粉味到辛辣花香味都有。妳可以嘗試百合、伊蘭伊蘭、鳶尾花和橙花，營造出不朽的女性香氣。

琥珀調（Amber）

以來自東方的珍貴原料為靈感，琥珀香氣充滿性感氛圍和泥土感，也相當溫和。麝香、沒藥、乳香和香草都屬於琥珀調香氣。

木質調（Woody）

常與男性香氣有關，現在逐漸變得男女通用。適合冒險、趣味風格的性感香水。妳可以試試雪松、檀香、岩蘭草和絲柏。

芳香調（Aromatic）

也被稱為馥奇調（Fougère），這個字也就是英文中的蕨類（Fern）。這種香氣經常出現在男用香水中，清新香氣或辛辣味是它們的主要特色。結合鼠尾草、迷迭香、小茴香籽和薰衣草，想呈現自然力量的話，這是個好選擇。

28

穿得舒適，才是奢華

如果妳得不斷調整腰帶、穿著鞋子跛行、持續伸手下拉裙襬、緊縮小腹，或為了穿上某件衣服而不吃不喝，無論這件精品價格多昂貴，都不算是奢華。

奢華有一部分來自妳穿戴它的感受，如果妳感覺不舒服，就會完全抹殺這點。

嘗試新事物很棒，但當妳打算為奢華精品花一大筆錢時，就不該太過遠離妳的舒適圈。

拍賣或許是讓妳能買下妳心愛品牌產品的好機會，但是，妳得確定這是妳在現實生活中配戴舒服的物品（而不是在高級遊艇上或私人會員制俱樂部開派對時，才會穿上的服飾）。

不論那套有羽毛裝飾、荷葉邊裝飾和亮片的及地禮服有多美，如果從現在到世界末日，它都被掛在衣櫥裡，妳一次都不會穿的話，買它就不划算。

在妳剪掉新品上的價格標籤前……

- 坐在椅子上，確認牛仔褲或長褲的褲頭沒有太短，或是腰圍沒有緊到令妳不適。
- 若是低領口衣物的話，妳就穿著它四處走走並坐下，確保領口不會往前下垂太多。
- 注意內襯——絲質、緞子和棉料都很好。合成材質內襯對妳完全沒有幫助。
- 談到織物，妳該找透氣的材質。棉料和羊毛能讓溼氣散發出去，而聚酯纖維則會困住妳的汗水，甚至還會讓妳流更多汗。那就不是奢華體驗。
- 小心把大尺寸衣物標上小尺碼的虛榮尺寸（vanity sizing）。此外，也請記得：尺寸的計算方式會隨品牌而不同。妳得讓自己習慣試穿兩個不同尺寸，再決定購買哪一件。

LUXURY MUST BE COMFORTABLE, OTHERWISE IT IS NOT LUXURY.

「奢華必須舒適，否則就不算奢華了。」

29

我的人生不如願，所以……

Coco 出生在救濟院，雙親是洗衣婦和街頭小販。而在母親死後，11 歲的 Coco 就被安置在孤兒院中。在十九世紀末，像 Coco 這種出身如此貧困、身邊又缺乏保護者的女孩，想得到好機會的希望十分渺茫。但是，這並沒有阻止她成為世上最富有的女人，與時尚史的經典人物。

Coco 的魅力與對風格的敏感度，以及她的生意頭腦，讓她在生活上一飛沖天。這是她的生存直覺與固執的韌性。**無論世界對她拋出何種難題，她總是專心在自己的夢想，從不讓任何挫折阻礙她前進。**

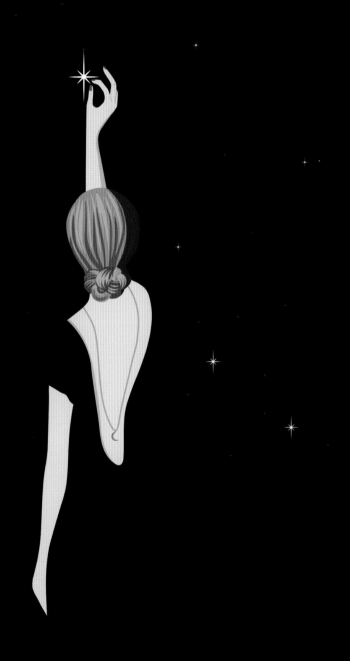

　　儘管在當代，來自各種背景的女性都享有更多機會，追求進步與成功時碰上的障礙也較少，但許多女性依然會遭遇數不清的困難與偏見。當人們硬將既定角色套到妳身上時，自信就是妳的盟友，能幫助妳徹底扭轉局勢。同樣能幫助妳的，還有理解這件事：**沒有任何一條道路，能毫無阻礙、直直通往妳想過的生活。**

　　和 Coco 一樣，這一路上妳會激怒人，也會打破一些規則，但相信自己具備無限可能，就是創造理想生活、超越藩籬與限制的第一步。妳需要運氣、韌性和頑固的決心，才能展現出新命運。仿效 Coco 吧！永遠別放棄。

MY LIFE DIDN'T PLEASE ME, SO I CREATED MY LIFE.

「我的人生不如我所願，
所以我創造了自己的人生。」

COCO
Rules

30

以自己的規則，穿出專屬風格

Coco 規則第一條、也是最重要的一條：**為自己著想時，就沒有任何限制。** 如果妳不同意其他人的意見，只要明說就好；如果妳不喜歡某種外型或潮流，就別逼自己跟隨大眾的品味。

妳穿在身上的東西，是妳對世界大聲表達自己身分的其中一種方式。脫離流行是種挑戰，同時也讓人感到解脫。

　　走出自己的路需要勇氣，特別是當妳還在尋找自己時。但是，時尚也是種優異媒介，讓妳能不斷嘗試自己想成為怎樣的人。

　　對自己 100％ 誠實，沒什麼比這更容易創造自信心。無論是對妳生活周遭發生的議題表達意見，或穿上喜歡的衣服而不管它是否跟上流行，只要對妳的信念懷抱勇氣，都是最時尚的事。

想走出自己的風格？

　　嘗試以下招數，並反覆念誦這句座右銘：「**取悅別人不是我的職責。**」

- 穿妳喜歡的服飾，無論是極簡風或鮮明色彩。妳可以從非正式場合開始練習。
- 花時間試穿衣櫥裡妳喜歡的衣服。嘗試不同搭配，找到能讓妳感受到原創性和啟發性的全新穿搭法。
- 在妳離開家門前，讓自己充滿自信，並盡量維持這種感覺。

66

THE MOST COURAGEOUS ACT IS STILL TO THINK FOR YOURSELF. ALOUD.

「最勇敢的行為，
是堅定的大聲為自己思考。」

99

國家圖書館出版品預行編目（CIP）資料

COCO Rules：香奈兒時尚箴言／凱瑟琳・奧莫羅德
（Katherine Ormerod）著、卡洛琳娜・梅利斯（Carolina
Melis）繪；李函譯 . -- 初版 . -- 臺北市：大是文化有限公司，
2023.07
160 面；14.8×21 公分 . -- （Style；75）
譯自：Coco Rules: Life and Style according to Coco Chanel.
ISBN 978-626-7251-84-3（平裝）

1. CST：香奈兒（Chanel, Coco, 1883-1971）
2. CST：時尚
3. CST：傳記
4. CST：法國

784.28   112004256

COCO RULES: LIFE AND STYLE ACCORDING TO COCO CHANEL
ILLUSTRATED BY CAROLINA MELIS
WRITTEN BY KATHERINE ORMEROD
First published in Great Britain in 2022 by LOM ART,
an imprint of Michael O'Mara Books Limited,
9 Lion Yard, Tremadoc Road, London SW4 7NQ
Copyright © Michael O'Mara Books Limited 2022
All rights reserved.

This edition arranged with Michael O'Mara Books Limited
through BIG APPLE AGENCY, INC., LABUAN, MALAYSIA.
Traditional Chinese edition copyright:
2023 DOMAIN PUBLISHING COMPANY

Style 075

COCO Rules：香奈兒時尚箴言

作　　者／凱瑟琳‧奧莫羅德（Katherine Ormerod）
繪　　者／卡洛琳娜‧梅利斯（Carolina Melis）
譯　　者／李函
責任編輯／連珮祺
校對編輯／許珮怡
美術編輯／林彥君
副　主　編／馬祥芬
副總編輯／顏惠君
總　編　輯／吳依瑋
發　行　人／徐仲秋
會計助理／李秀娟
會　　計／許鳳雪
版權主任／劉宗德
版權經理／郝麗珍
行銷企劃／徐千晴
行銷業務／李秀蕙
業務專員／馬絮盈、留婉茹
業務經理／林裕安
總　經　理／陳絜吾

出　版　者／大是文化有限公司
　　　　　　臺北市 100 衡陽路 7 號 8 樓　編輯部電話：（02）23757911
　　　　　　購書相關諮詢請洽：（02）23757911 分機 122
　　　　　　24 小時讀者服務傳真：（02）23756999
　　　　　　讀者服務 E-mail：dscsms28@gmail.com
　　　　　　郵政劃撥帳號：19983366　戶名：大是文化有限公司

法律顧問／永然聯合法律事務所
香港發行／豐達出版發行有限公司 Rich Publishing & Distribution Ltd
　　　　　　地址：香港柴灣永泰道 70 號柴灣工業城第 2 期 1805 室
　　　　　　　　　Unit 1805, Ph. 2, Chai Wan Ind City, 70 Wing Tai Rd,
　　　　　　　　　Chai Wan, Hong Kong
　　　　　　電話：2172-6513　傳真：2172-4355
　　　　　　E-mail：cary@subseasy.com.hk

封面設計、內頁排版／林雯瑛　　　印刷／鴻霖印刷傳媒股份有限公司
出版日期／2023 年 7 月　初版
定　　價／新臺幣 450 元（缺頁或裝訂錯誤的書，請寄回更換）
ISBN／978-626-7251-84-3
電子書ISBN／9786267251829（PDF）　9786267251836（EPUB）